VERSOS SIN SILENCIO

VERSOS SIN SILENCIO
Gonzalo Sánchez Núñez

MÁLAGA 2015

Lituralia

Primera edición, abril de 2015
© Gonzalo Sánchez Núñez
© Ilustración de cubierta: José Hinojo
© Fotografía solapa: Violeta Sánchez

Impreso en España
ISBN: 978-84-939453-6-7
DEPÓSITO LEGAL: MA 715-2015

Lituralia Inc.
www.lituralia.com

*Para ella
por todo.*

PRÓLOGO

Escribir poesía es una infatigable búsqueda por describir la realidad que habitamos, el mundo *cerca de aquí* pero también el que, *algún día*, al igual que las estaciones, siempre vuelve.

Trepar un camino y alejarse del pueblo, del ruido de la multitud y tener la naturaleza y el silencio como únicas fronteras. El silbido del viento, el frescor de la montaña. Un llano, encinas y quejigos milenarios y el sendero a un hogar. Si es invierno, olor a chimenea y siempre un tronco en la lumbre. Cruzas el umbral, al fondo, en la esquina, bajo la ventana, un hombre. Alguien escucha ópera, está rodeado de papeles que esperan ser ordenados y libros que esperan ser comprendidos. El hombre trabaja con la cabeza inclinada sobre la mesa. Escribe y tacha con la misma seguridad e ímpetu en su libreta de cuadros apoyada sobre la rodilla. Vuelca en el papel lo que hace tiempo ya había escrito en su cabeza. Garabatea vivencias diarias de faenas del campo, del tiempo, del amor. Poemas escritos sobre esa mesa que es su cueva. La escritura es su escapatoria, el aliento, el desahogo de las prisas, de la fugacidad del tiempo. Las hojas del otoño están cayendo, está oscureciendo y se avecina un aguacero. Los animales, al igual que el poeta, buscarán un lugar donde resguardarse de la tormenta, donde pasar la tempestad y evitar males mayores. Pero nadie habrá podido evitar el vacío de la pérdida, tampoco el despertar y el volver a sentir, a pesar de todo, el calor de la primavera.

Si es verano, el canto de las chicharras, el perro en la sombra y solo calma a la hora de la siesta. En verano higos chumbos, sandías y tomates aún calientes de la tierra desde donde acaban de ser arrancados. Y bajo una parra, mientras el pájaro bebe de la alberca y los niños se bañan, un hombre escribe.

Violeta Sánchez

CERCA DE AQUÍ

A pesar del desgarro
y de la herida abierta
el árbol no dijo basta.
Adornó lo imposible,
hizo real lo bello.

LA PRIMERA GOTA

La última hizo del barro
un continente casi líquido.
La primera intuición,
la última mezquindad que ignora
el dolor
del que escribe un epitafio.
La última decisión,
la que no dejará conciliar el sueño
y hará vivir para siempre
en una angustiosa vigilia.

La primera gota perfuma el mundo
removiendo sus propias esencias.

NO SON LAS HORAS

No es el olvido
el que llama con los nudillos
en la puerta de atrás.
El olvido no llama.
No es la sangre que exige una boca
dispuesta a curar la herida
con un soplo de aire,
con una gota de saliva.
No son los cristales
transparentes… pintados por los niños,
siempre quebrados.
No es la flor rescatada de la noche,
la luz que estalla sobre las hojas,
la camisa perfumada para el abismo.

ELLA POR SUPUESTO

Una mujer labra de Sol a Sol
en su propio campo las minas.
Esquiva con un silencio
lo que nunca entendería
un auditorio abarrotado de sillas,
mientras con una única mirada
extiende una alfombra roja.
Destroza conjeturas, desmonta las coartadas
que inventan los excesos,
hace un brindis a los balcones
antes de recogerse el pelo.
Una mujer guarda entre sus manos
el ala herida de un pájaro,
el humo de un cartón ardiendo.
Cuando el abismo la atosiga
se va, hace un quiebro desde el centro
y se ríe del aplauso
de brujas, osos, locos y cuerdos.

TENDRÍAMOS

Si ahora escapáramos de esta almena
tendríamos que inventar las amapolas,
escrutar los pasillos de un laberinto
y parar en cada rincón a desearnos
como nunca lo habíamos hecho.
¿Quién renuncia a esta sombra fresca
donde enjugar lágrimas
y sanar de las quemaduras?
Dentro hay ahora un verano encerrado
y el pasado invierno hubo un refugio
y el lecho tierno para dos amantes fue
cuando aún no pesaba el tiempo.
Si ahora escapáramos de este contubernio
aprovecharíamos para hacer canastos
con el arcoiris y sus destellos,
y a perseguir saltamontes azules
mientras llegan las lluvias del otoño.

HERMOSO ADIÓS

Ojalá que cada día me contaras
lo que dice una canción,
como cuando lo hacíamos
bajo los olivos centenarios,
en aquella trastienda del mundo.
Si oídos ajenos oían
detrás de las paredes,
contaban a sus allegados
que existe un lenguaje extraño
que se habla donde solo está
la lagartija,
y el silbido del pájaro.
Si ojos severos se asomaban
a sus umbrales, solo veían humo
y decían a sus parientes
que era imposible salir
por culpa de la espesa niebla,
y que encendían el cielo
rayos multicolores,
en la más alucinante de las tormentas.

LOS DISTINTOS

Estaban bajo la pluma de un ave
de alas abiertas,
bajo la sombra imposible
de un árbol agostado,
terminando una dura jornada,
regando el interior de una debacle.
Algo los inclinaba a hablar de la Luna
y ante el día inminente
de la primera piedra
respondían con un sí inequívoco,
y un camino adornado
con bellas canciones.
En agostos de hierro, siempre
descubrían un río cercano, una sombra
y un mediodía de poros abiertos.

PUEDE SER VERDAD

Mientras que la cal hierve
ella sigue durmiendo.
En coro flotante y destartalado
los abejarucos anuncian
algo que vendrá
y que suena a amenaza.
El monstruo busca pan
sin saber que forma parte
de un juego en el que se espera
y no se come.
La mañana sigue
mandando mensajes que conectan
a los astros entre ellos.
El peligro que se siente
es la evidencia
del poder ilimitado de los versos.
Una rapaz está dispuesta
a colorear un cielo azul y quieto.
Cuando ella despierte los manantiales
no serán
espejismos para el sediento.

ALGÚN DÍA VOLVERÁN

Ya se enciende una luz nueva
en los días
que llenaron de sí los abismos.
El árbol que nació donde no debía
ha crecido,
y ofrece abierto su sombra
a lo que queda
de lo que fue un mundo frenético:
al olvido de la cal,
a la araña de la pared
y a sus hijos.
Algún día volverán
señalando mirada adentro,
filosofando sobre el desastre,
convertidos en irreductibles diablos,
despreciando todas las causas.
Yo me colmé de oír,
de oír, de oír y de oír...
hacía mucho frío
en la intemperie de aquellas madrugadas.

ABOMINABLE

Recámara sin fondo,
memoria de elefante,
(con perdón para el paquidermo)
uña insaciable,
mandíbula dispuesta para desgarrar
la piel del vencido.
Sentidos que ya olvidaron
el placer del contacto.
Archivo repleto
de imaginarias barbaries encajadas.
¡Qué odisea existir
y salir indemne
cada día de este duelo
en el que no son de fiar
ni las pistolas ni los padrinos!

PONIENTE

Si calla se condensa el silencio, un instante
que cae como una piedra cae en un pozo
alumbrado por un trozo de cielo pequeño
del que bajan rayos de una luz macilenta.
Si calla después del amor quedamos perdidos,
cansados de cargar nubes llenas de agua
hacia el rincón donde ávidos
esperan, bandadas de pájaros sedientos.
Si suena crujen los viejos muros
como si estuvieran hechos de huesos viejos
y solo un abrazo alivia tibiamente,
ese dolor acumulado siglo tras siglo.
Aparecen caras hechas con cal y niebla
que han entrado atravesando las paredes,
suben a la cama asustados,
duendes montados sobre animales pequeños.

VAMOS A IR

Huimos hacia una luz protectora,
hacia voces
que salían de la oscuridad.
Teníamos un miedo perplejo
que nos obligaba.
Entonces gritábamos
desde los desfiladeros quiebros de amor
(o desamor),
consignas clandestinas
y las rocas nos devolvían la voz,
navegando sobre invisibles olas.
Entonces las bandadas de grajos
nublaban el cielo
como personajes de un cuento
y la montaña, nunca se sentía sola.

ÉL LO SABE

Él lo sabe todo
y lo guarda en su mochila.
Cuando terminó la jornada
dejó sudor y ropa
sobre una puerta de hierro
que parecía un jeroglífico,
un rompecabezas
o el mapa de un tesoro.
Yo nunca supe qué hacer con ella
y estuvo rodando entre el polvo
mientras el practicaba
un nuevo naufragio.
Se embebía del aire más turbio,
fumaba colillas de explosivos,
bebía de manantiales habitados
por algunos dioses y todos los diablos.

HAN VENIDO TODOS

Parecían espantapájaros
pero sin embargo llegaron
atravesando las paredes.
Bajo el cielo púrpura
la huida posible
hacia los lugares de descanso
estaba ocurriendo.
Soñaba despierto.
Me dijeron:
Nosotros somos reales todavía,
porque olemos la mañana,
porque oímos el jilguero,
porque somos clandestinos
o adictos o nada...
Abro los ojos, algo entra
por los cinco sentidos.
Cierro los ojos, descubro
que han venido todos
por donde huele a fruta madura,
por donde no hay campos minados
ni fronteras.
Ellos tienen la llave que abre
algún pasadizo secreto.

ISLA NUEVA

La isla donde arribé hoy
no ha aparecido misteriosa
entre un vahído de la niebla.
No está volando entre las notas
que adornan las viajeras entrañas
de un pequeño duende.
No nada arrogante
sobre el devenir de una tarde huérfana
que no quería nadie y que hicimos
nuestra cómplice para siempre.
Es humilde mirándose
entre los alcaceles tempranos,
e insolente frente a los ojos
que desprecian los barcos
que llegan a su puerto sin banderas.
La isla es tan pequeña
que solo caben en ella un hombre,
cuatro zapatos sucios,
unas ropas jalonadas y los nidos
de cinco parejas de pájaros.
Tiene un agua perdida
con remolinos opacos
que sin saber adónde corre hacia abajo.
Dos maneras de ver la lluvia,
una ensenada donde tocar tierra blanda
con los pies, tras haber sobrevivido
a un largo naufragio.

EL HOMBRE DEL AUTOBÚS

El hombre del autobús
ha llenado de él el mundo,
y ahora
un sueño desbaratado parece.
Siempre se cree un poco más allá,
la línea hace un juego siniestro
pero posible para el ojo
del niño que sigue despierto.
Llega un viento y quema la hierva
y es el mismo que en siglos pasados
congelaba las lágrimas.
El hombre del autobús
habrá hecho los deberes y después
habrá fallecido, no sin antes
haber dejado algo escrito en la arena
de los bordes de su desierto.

ERAN INTRUSOS

Llegaron tantos que no cabían
en aquel despertar desganado.
La noche anterior cada uno
se despidió a su manera y ahora
no tocaba hurgar por los rincones,
en lo posible no deletrear lo dicho
en el fragor de la batalla.
No había cartas echadas
ni tampoco discursos que escrutar,
solo clausurar discretamente
aquella falsa partida descubierta.

LO SABÍAMOS

Penetrado el silencio
alguien descubre que lo habitan.
Desde el principio de su tiempo
lo imaginó lleno,
aunque huidizo
apenas se dejaba ver.
No estamos sorprendidos,
sabíamos que volveríamos
a respirar ese olor inamovible.
Lo que asusta inunda
de nuevo el aire y su quietud.
La luz inmutable,
los árboles que indultó la tijera
han crecido bajo la ventana.
Los otros forman un bosque
de cuya sombra exacta nunca beberemos.

POR SI ACASO

Por si acaso
pocos se atrevieron
en la calle inmensa.
Alguien se había equivocado
y degustaba su error a sorbos
sin sospechar
que eran fantasmas los que hablaban.
Tendríamos que ir
de isla en isla,
de promesa en promesa nunca cumplida
para permanecer intactos.
Por si acaso por el centro,
bajo el Sol, abriendo fuego,
con la mirada hecha jirones.

CERCA DE ALLÍ

AUSENCIA

Tu ausencia no es de ahora,
tu ausencia fue hace siglos
en un lugar donde nunca estuve
y sin embargo,
donde vi llover una tarde aciaga.
Claridad de ventana grande,
aire tóxico en el que nadar
cuando volviéramos. Huiremos.
Vendrán los que saben
y solo dicen cuando deciden
y entonces
el río ya se está desbordando.
Donde una maleta desocupada
llorará y llorará
por los restos esparcidos
de su extraño viaje.

Liviano el aire
se asoma
al palacio de las moras.
Una boca forjada en un sueño
riega una maceta.
Alrededor de la alberca
vuelan rojas libélulas.
De repente,
la exclamación del mirlo
me despierta.

ELLA

Hay una mirada que nos hundirá
como a barcos desviejados
porque no conoce
ni la resignación ni el cansancio.
Supone que asida a la rama
será semilla,
refugio del agua
con saber esperar el otoño.
No entiende de rendición.
Recogiendo madrugadas
para su sed implacable mentirá,
abominará, pactará
con quien se atreva a ser su aliado.

LOS PAISAJES

Por la herida abierta
del árbol
llegará la lluvia
a la lava.
Un día
todo fue de él
y con uñas y dientes,
con idas y venidas
cada uno abría su camino
en aquel planeta.
Tras descubrir la herida
alguien que venía de lejos
se frotó las manos,
se sintió fuerte.
¿Cómo iba a saber
que por ese ojo de madera
mientras engrasaba sus armas
le estaba observando la muerte?

LOS POCOS QUE QUEDAN

Los pocos que quedan
de perdidos
ya ni madrugan.
Se empeñó la hora en mirarles,
les incitó a salir afuera
pero no se alcanzó la altura
que necesita el disparate.
No había en lontananza
ni carne ni asador,
y aunque no de antemano
la decisión estaba tomada.
Cuando llegué, las sementeras
ya eran criaturas
y producía un cosquilleo
caminar sobre sus alfombras.

Desde que estalló la flor
nieblas arriba nieblas abajo,
una lluvia que camina
sobre sus gotas,
una pared que ni crece
ni se derrumba,
pájaros que vigilan desde lejos.
De la cáscara a la almendra
está la sombra que resistió la sombra,
todo un verano de por medio.

Aquel hombre destruyó
el color de las riberas
manejando
una máquina implacable.
Profanó la tumba
donde descansaban oxidados
los restos de un abandono.
Aquel hombre que borró la lluvia
dejó esparcida una muerte
que había que ignorar
(para no llorar) o mirar
con ojos reciclados en piedras.
Dejó un estruendo de hojas,
una huida de pájaros,
un desamparo
crujiendo en la tarde.

VUELA BAJO

Vuela por debajo,
cerca del agua que junto a él
se quedó sola.
Mientras resiste el último envite
de un toro rezagado en lo inmenso
podría morir,
quedar semienterrado en el polvo,
ser nada olvidada para siempre.
Se desintegra en la noche salvaje
donde todos comen carne
y nadie duerme.
Vuela bajo, tienen alas pequeñas
y un ojo donde nunca anochece.
¿Va y viene?
Para prevalecer ha aprendido
el camino recto de las balas.

LO CORRECTO

El expediente
gravado en el rostro
intachable.
Llegan el primer día
impolutos, incluso semilibres.
Llegan tarde algún día
y a su alrededor
los movimientos son exactos,
evidentemente sonoros,
suficientes para dejar claro
lo ocurrido.
La cáscara carnosa de la nuez
se abre,
y la proa rugosa de un barco
se moja de lluvia
y de poniente.

El horizonte es una esponja,
la luz ha vuelto
a su rebeldía acogedora.
Cada viraje de la mirada
se extiende
hasta la pretensión de la seda.
Vuelve la piedra a ser puente
y la tierra isla desierta
apetecida,
para los que serán náufragos
hasta que el Sol.

POR DOS VECES

Llegó el desastre,
ese estoy vencido de antemano
y solo en mi quietud
paso hojas sin haberlas leído.
Lo del mundo recorrido
es una falacia, doy fe:
pasan las lunas desapercibidas
y no tiene doble sentido
el rojo de la granada.
Por dos veces llegó el desastre,
menos mal que hacer el ridículo
todavía es un recurso.

VUELTA

La piel vuelve a su ternura
ya indefensa.
Se puso en marcha la maquinaria
de destrucción masiva
y a la mayoría nos sorprendió
cargados de algo:
de idas y venidas,
de quejas fundadas,
de catálogos de costumbres,
de buenas intenciones.
La piel vuelve transparente
y deja ver el abismo
y entonces corremos
a buscar cobijo
en una nada complaciente.
Repetimos un nombre
(varias veces)
y salimos a la calle
a estirar mirada y alfombra
y no morir de frío.

Está sumergido en un abismo
el límite del dolor.
Sufrible hasta el borde
de lo imaginario,
profundo hasta lo increíble.
Desgarrado hasta el silencio
que se desprende, se libera
de la muerte que anuncia
una voz, cautiva entre las notas
de una hermosa canción.

LA SOMBRA

Un hilo de luz mojado,
sobres de cartas mojados,
alumbrados por un hilo de luz,
ocultos tras el día tras día.
Fuera llueve agua
y las islas despiertan de su sueño.
Dentro, la Tierra es blanca
y ávida de luz llama
a cuantas puertas encuentra.
Subiendo la escalera
chocarán dos trenes, se fundirá
un pañuelo entre el calor,
un pájaro buscará cobijo
para pasar la noche.
Una burbuja naranja
perderá su forma redonda
y los duendes del frío
tomarán asiento alrededor
de la mesa.
No faltarán dulces ni palabras
en el interior
de esa apetecida sombra.

Una nube, los gallos,
colgando de una hoja
una gota de rocío. El alba
que imaginamos en los cuentos.
Despiadado, el verano ha exprimido
cada árbol
para que nuble los sentidos
cualquier mañana.
Sonará algún canto
a canto nuevo y entonces
todo podrá volver a ser bello.

LOS HECHOS

Los rincones de cada orilla,
los segundos de cada hora,
los restos de cada fin,
lo que da de sí la calma.
Cerrados los reflujos migratorios
la razón muta, se nutre
solo de lo evidente.
La Tierra que nos dejan pisar
sin misterios
que la hagan suculenta
se hace un castillo sin fantasmas,
donde solo hay globos sonda
y simulacros de cansancio.

EMPIEZA EL DÍA

Empieza el día a pesar de todo
porque alguien guardó para sí
el camino que empieza
en los peldaños de una escalera.
En el cristal de dos ojos cándidos
se refleja una línea oblicua.
Unos niños esperan
sentados sobre un cajón
donde arrullan palomas
y rozan sus alas, y no comen trigo
porque esperan
que una mano sin marcas
les abra la puerta.

ALGÚN DÍA

ANTES

El humo
antecede a la lluvia
cuando se está
decidiendo el otoño.
La prisa
antecede a la lluvia
que vendrá
tras vientos llenos
de pájaros.
El sueño
duerme en la lluvia
que le presta sus sedas
sus plumas y sus espejos.

ME ASOMARÉ

Me asomaré al balcón
donde cuelgan las guirnaldas,
el que da a la calle sin cielo.
Esperaré detrás de un papel
que hace obstinados
llamamientos a la cordura.
Todo está preparado
para que ocurra
un minuto de dicha,
sucederá si creemos
en la energía que mana
del rayo y del trueno.
Llegaremos enteros
porque por no apagar la música
no fuimos a aquel sitio.

HE RECUPERADO

He recuperado
parte de la razón perdida
en aquellos desiertos:
la oscuridad de una cueva
la frialdad de una escalera.
Le ofrecí una música
capaz de horadar
en sus adentros doloridos
y un sueño luminoso
la llevó lejos.
Repetimos, era posible
y mientras dormíamos
un grito abominable
(el que provoca el desconcierto)
la sacó de sus fluidos.
He recuperado los rayos de un Sol
que harán brillar
hojas, gotas, vuelos...
en los límites de un tejado.

IBA LEJOS

Una tormenta encendía y ocultaba
los picos escarpados de las nubes.
A lo lejos aparecía de repente un mar
que daba miedo a los barcos.
Los hombres, confundidos algunos
otros devotamente convencidos,
se habían ido a descansar sus sapiencias
frente a otros hombres.
Un horizonte brutal
se abría y cerraba a sus espaldas.
Todos sabían
todos con las gargantas secas
y resecas las palabras.
Todos obviaban el crujido de las maderas
que al romperse caían tan cerca.

UN PAPEL VUELA

Un papel vuela
perdida la razón y entonces
para el viento
y se posa.
Sobre la arena recuerda
lentamente todos
y cada uno de los himnos
que hay grabados
en su semiborrado vientre.
Si subiera la marea
sería un barco,
mensajero de las sirenas
navegaría mar adentro
entre espumas y peces.
Llegaría a las orillas de ojos
como exóticos continentes.

EL JARDÍN

El jardín escapó de serlo
cuando se fueron los locuaces,
entonces volvieron las lavanderas
a colmar las mañanas.
Rellenó los caminos,
irritó a los sabios sordos,
deshizo veredas
echando a volar sus fragancias.

Al abrir su mundo redondo
el corazón de la granada
lejos, sin ojos nos transporta,
y a un sueño recién mojado
nos acerca.
Cuando entré
en aquel minuto rosáceo,
un pájaro bebía agua perfumada
en la orilla de la alberca.

ESOS GESTOS

Puede ser
que andemos tras la pista,
seguramente
andemos tras la pista
de los que poblaron
y bebieron vino
en las sombras de la noche.
Ellos fueron y no los otros
los culpables
de tanta telaraña mojada,
de que ande tanto gesto suelto.
Puede ser
que tras arduas pesquisas
los pillemos sin coartada.
Entonces
una vez matados y muertos
serán sus arrogantes gestos
de nadie (cuidado)
ni suyos ni nuestros.

Él fue por ejemplo
justo lo contrario,
no dijo aquello ni estuvo nunca
dispuesto a hacerlo.
Las estrecheces de la razón
buscan culpables para redimirse,
así se alejan del agua
que salpican los inviernos
y de los caminos hoyados.
Siempre atento a la luz
portadora del alba,
siempre envuelto en la revelación
de un aire fresco
nunca lo creyeron
y morirán sin creerlo.
Alguien desvelará
a destiempo sus secretos
en el rincón descuidado de un bar,
entre la corriente de una calle abarrotada.

Miró de reojo,
como insinuándose al horizonte
mientras las velas
se replegaban sobre los mástiles.
Al pairo, el barco
era un juguete olvidado
sobre un inmenso mar
de espejismos.

ÍNDICE

Prólogo 9

CERCA DE AQUÍ

A pesar del desgarro 13
La primera gota. 14
No son las horas 15
Ella por supuesto 16
Tendríamos 17
Hermoso adiós 18
Los distintos 19
Puede ser verdad 20
Algún día volverán 21
Abominable. 22
Poniente 23
Vamos a ir 24
Él lo sabe 25
Han venido todos 26
Isla nueva 27
El hombre del autobús 28
Eran intrusos. 29
Lo sabíamos 30
Por si acaso. 31

CERCA DE ALLÍ

Ausencia 35
Liviano el aire 36
Ella 37
Los paisajes 38
Los pocos que quedan 39
Desde que estalló la flor 40
Aquel hombre destruyó 41
Vuela bajo 42
Lo correcto 43
El horizonte es una esponja 44
Por dos veces 45
Vuelta 46
Está sumergido en un abismo 47
La sombra 48
Una nube, los gallos 49
Los hechos 50
Empieza el día 51

ALGÚN DÍA

Antes 55
Me asomaré 56
He recuperado 57
Iba lejos 58
Un papel vuela 59
El jardín 60
Al abrir su mundo redondo 61
Esos gestos 62
Él fue por ejemplo 63
Miró de reojo 64

Versos sin silencio
de Gonzalo Sánchez Núñez,
compuesto en caracteres
MetaPlus y Rockwell,
se terminó de imprimir
en Málaga el 27 de abril
de 2015.

www.ingramcontent.com/pod-product-compliance
Lightning Source LLC
Chambersburg PA
CBHW041527090426
42736CB00036B/225